AF338353

DE

L'ATTITUDE POLITIQUE

DU CLERGÉ

EN FACE DE LA DÉMOCRATIE

EN VENTE

CHEZ TOUS LES LIBRAIRES

—

1881

DE

L'ATTITUDE POLITIQUE

DU CLERGÉ

EN FACE DE LA DÉMOCRATIE

EN VENTE

CHEZ TOUS LES LIBRAIRES

—

1881

DE

L'ATTITUDE POLITIQUE DU CLERGÉ
EN FACE DE LA DÉMOCRATIE

————

Lorsqu'on observe l'état des esprits en France, on reste frappé de l'hostilité toujours croissante que le clergé rencontre parmi le peuple. Ce fait est d'autant plus remarquable qu'il apparaît presque tout à coup dans notre vie publique. Sans doute, au XVIIIe siècle, les philosophes firent aux prêtres une guerre impitoyable. Cependant, s'ils déconsidérèrent le clergé dans les hautes classes de la société, ils ne parvinrent pas à soulever contre lui la défiance haineuse des foules. Au lendemain du règne de Voltaire, l'Assemblée qui ouvrit la Révolution, déclarait par un décret solennel que « son attachement pour le culte catholique, apostolique et romain ne saurait être mis en doute [1] ». Elle faisait célébrer aux chants du *Te Deum* la glorieuse nuit du 4 août, demandant ainsi à la voix des ministres de la religion de porter jusqu'au ciel les actions de grâce de la nation affranchie [2]. Même aux jours lugubres où la Terreur brisa nos autels, nous chassa de nos temples, ne nous laissant que le choix entre l'exil et l'échafaud, la masse du peuple nous resta dévouée. Et quand cette sanglante tempête qui troubla si malheureusement le cours pacifique de notre rénovation sociale, eut passé, le Pouvoir, inspiré par les vœux unanimes des populations, nous donna une place d'honneur dans les grandes institutions du pays. Sans remonter à ce temps

1 Séance du 12 avril 1790.
2 Décrets de la nuit du 4 août 1789.

déjà lointain, n'avons-nous pas vu, en 1848, le peuple et le clergé fraterniser au pied des arbres de la liberté ? N'avons-nous pas vu le peuple de Paris porter en triomphe, dans ses mains noires de la poudre des barricades, un crucifix ramassé au milieu des décombres ? Hélas ! nous avons eu depuis des spectacles bien différents ! Je pourrais les peindre, je préfère les éloigner de mon souvenir, comme je voudrais les effacer de notre histoire. Pourquoi donc le peuple s'est-il détourné de nous? Pourquoi nous a-t-il pris en aversion ? Qu'on n'attribue pas cette désaffection à l'influence de la littérature licencieuse et de la science incrédule. Il faut chercher ailleurs la cause de l'hostilité populaire qui s'est élevée contre nous. Ce n'est pas avec des romans et des élucubrations scientifiques qu'on atteint l'âme du peuple et qu'on y allume de grands enthousiasmes ou de grandes colères. Or, ce que la littérature ni la science n'ont pu faire, la politique l'a fait. C'est elle qui a changé les sentiments du peuple à l'égard du clergé, et suscité cette universelle et formidable opposition à laquelle nous sommes en butte depuis quelques années. Je voudrais établir cette vérité dans tout son jour, et démontrer que c'est pour le clergé un devoir impérieux d'enlever tout motif à un antagonisme trop fécond en funestes résultats.

I

Pour bien comprendre l'origine du conflit, il est nécessaire de remonter à la révolution d'où notre siècle est sorti. Tous les cœurs honnêtes réprouvent les crimes de cette époque mémorable ; tous les esprits sensés bénissent les conquêtes qu'elle nous a léguées : l'égalité civile, la liberté politique et religieuse. Ces conquêtes furent l'œuvre du peuple, qui portait depuis longtemps dans ses aspirations les principes qu'il proclama et qu'il appliqua. Aussi s'est-il attaché avec passion à la société nouvelle fondée sur les ruines de l'ancien régime. Il a subi, acclamé, brisé tour à tour des formes gouvernementales bien diverses ; mais il est resté constamment épris de la forme sociale que le génie de la France démocratique a marqué de son empreinte indestructible. Il a toujours regardé comme ses pires ennemis ceux qui ont voulu y toucher. Et aujourd'hui que la République assure au peuple la possession définitive d'un patrimoine si chèrement acquis, si fidèlement conservé ; aujourd'hui qu'il peut espérer de l'agrandir en réalisant cet idéal de justice qui n'a cessé de le tourmenter, il repousse avec plus d'énergie que jamais les hommes des vieux partis monarchistes. Ces hommes ont oublié que leurs pères, dans la nuit du 4 août, répondant à l'appel des représentants du peuple, brûlèrent, sur l'autel de l'unité, les titres d'un règne de dix siècles ; ils rêvent je ne sais quelle restauration bâtarde de ce règne. Quelques-uns, parmi eux, moins rétrogrades, non moins aveugles toutefois, s'imaginent pouvoir donner pour bases au monde moderne les articles mêmes de leur symbole religieux. Rêves d'enfant ! imaginations d'utopiste ! On ne refait pas un siècle ; on ne change pas son cours. Les courants qui entraînent les nations sont comme les fleuves : ils ne remontent jamais vers leurs sources ; on peut les contenir, les diriger : on ne peut les empêcher de suivre leur pente.

De bonne heure, ces hommes d'un passé à jamais évanoui ou d'un avenir chimérique ont recherché l'alliance du clergé, comprenant quelle force ils acquéreraient, s'ils enrôlaient l'Église de France sous leur drapeau. Malheureusement, le clergé n'a pas repoussé, comme il l'eût dû, cette alliance compromettante. Cependant des signes manifestes auraient dû l'avertir des colères qu'il allait soulever. Déjà, sous la Restauration, le sentiment public se révolta contre l'alliance du Trône et de l'Autel. Lorsque le souffle libéral de 1830 emporta le trône, les ministres de l'autel furent obligés de se cacher dans leurs temples déserts. Lorsqu'ils en sortirent, ils ne se bornèrent pas à réclamer, au nom seul de la Religion, les libertés promises ; ils acceptèrent la direction d'hommes politiques, qui fondèrent ce qu'on appela dès lors *le parti catholique*. Un jeune écrivain signalait ainsi, en 1845, la formation de ce parti :

« Il est, je le sais, des personnes que ce mot de parti, appliqué à l'Église catholique, n'effraye pas, qui trouvent au contraire tout naturel et presque glorieux de parler incessamment du parti catholique. Ils s'imaginent et non sans quelque raison que, avec la constitution puissante et la diffusion générale de l'Église catholique sur tout le sol de France, avec l'esprit de subordination et d'unité qui rattache tous les inférieurs aux chefs, et tous les chefs entre eux, l'Église catholique de France renferme tous les éléments d'un parti puissant, qui pourrait apporter un grand poids dans la balance de la politique. Pourquoi n'aurait-on pas des électeurs, des députés, une presse catholique, comme on a des électeurs, des députés, une presse conservatrice et libérale ? Il y aurait, dans chaque département un évêque, dans chaque arrondissement un curé pour faire, sur les lieux, le métier de chef et de meneur ; on donnerait le mot d'ordre dans les lettres pastorales, à l'entrée du carême et de l'Avent ; le parti aurait, autour de la chaire et de l'autel, un lieu de réunion tout trouvé, et l'on pourrait imaginer, d'après l'exemple dernièrement donné par une des grandes églises de Paris, quelques moyens de convertir les prières et les *Te Deum* en manifestation de politique nationale, européenne et même cosmopolite. Cette organisation savante qui joindrait, à la discipline et à l'unité des anciennes sociétés révolutionnaires, les avantages de la publicité et l'autorité des idées religieuses, qui tiendrait tous ses membres unis par la confession et les sacrements, séduit singulièrement de certaines imaginations, et cette séduction devient souvent irrésistible pour ceux qui se croient appelés, par leur position et leur talent, à aspirer à de certains grades dans l'armée catholique ainsi mise sur le pied de guerre. Si elle n'agit pas ainsi sur nous, c'est peut-être parce qu'une telle ambition ne nous est pas permise. »

Le jeune écrivain ajoutait :

« Que s'est-il passé depuis trois ans que l'Église catholique, suivant ses nouveaux conseillers, est entrée dans l'arène de la politique et qu'elle a tout d'un coup voulu enrégimenter ses partisans dans le pays sous une bannière de combat ? Combien sont-ils ceux qui ont répondu à cet appel ? Dans les Chambres où le débat s'est élevé, combien de voix a réunies le nouveau parti catholique ? Vingt peut-être dans la Représentation nationale ; le même nombre dans la Chambre des pairs, que l'âge de ses membres, leurs habitudes, leurs sentiments connus rendent pourtant plus accessibles aux idées religieuses. Voilà le parti catholique dans les Chambres, et la proportion est la même dans le pays. Hors de là, les sentiments de haine que nous croyions éteints, ne demandent qu'à se déchaîner.... N'y a-t-il pas dans ce fait, pour le clergé, un avertissement que, dans la route où il s'engage, il ne sera pas suivi de la moitié de ceux qui croient à ses doctrines, pas du quart de ceux qui, mieux éclairés, pris par la douceur, au lieu d'être repoussés par la violence, ne demanderaient pas mieux que d'y croire ? [1] »

M. de Broglie, car c'est lui qui écrivait ces lignes, a jugé depuis que l'ambition lui était permise, et il est arrivé au plus haut

----

[1] *De la législation religieuse en France*, 2e partie, par M. Albert de Broglie (*Revue nouvelle*, t. IV, Paris, 1845.)

grade dans l'armée qu'il flétrissait en termes aussi justes qu'élégants et qui n'ont rien perdu de leur actualité.

Sous l'Empire, le parti catholique grandit, et quand l'Empire s'effondra dans le désastre de nos armées, il se crut assez puissant pour guérir la France de ses blessures ; il annonça qu'il fallait rebâtir la cité sur le plan antique, et il entra vaillamment en lutte contre l'idée républicaine en qui la majorité du pays voyait la paix, le salut, le relèvement. Il inscrivit sur son drapeau un mot qui accusait tous ses projets : le mot contre-révolution. Avec une ardeur inconsidérée, le clergé presque tout entier se groupa sous cette bannière impopulaire, et prit une allure belliqueuse. « On n'est pas, en effet, disait autrefois M. de Broglie, un parti impunément, sans prendre, au bout de quelque temps, les tactiques et les habitudes du métier. Il y a surtout, pour les partis en minorité, des plans de campagne obligés. S'il y a une scission qui puisse gêner la marche du Pouvoir, on est forcé de la ménager ; s'il y a un mécontentement, il faut accueillir, au besoin, envenimer son ressentiment : c'est à ce prix qu'on achète des auxiliaires au jour de combat. Quand on ne possède pas le pouvoir, il faut, en bonne guerre, le déconsidérer de son mieux ; enfin, comme il faut bien faire illusion sur le bruit par le nombre, il ne faut laisser, à aucune fraction hostile, l'avantage de la violence et de l'injure. Sur tous ces points, il faut l'avouer, l'attitude prise par la presse qui s'intitule catholique ne nous laisse rien à désirer, ni même à décrire [1]. »

On sait quelles haines cette attitude a valu de nos jours au parti catholique, quelles défaites lui ont été infligées, quels stigmates la démocratie victorieuse a attachés au front des vaincus. Je voudrais pouvoir dire que l'adversité a instruit le clergé et que,

---

[1] *De la législation religieuse en France*, etc.

laissant les morts ensevelir les morts, il a renoncé à suivre les partisans de la contre-révolution sur les champs de bataille de la politique. Je puis, du moins, affirmer que beaucoup parmi nous reconnaissent qu'ils ont fait jusqu'ici fausse route en s'associant aux espérances et aux combats des partis monarchistes, qu'ils ont compromis leur ministère, excité, contre l'Église elle-même, des haines aussi ardentes qu'universelles, et qu'il est temps de tenir une conduite moins opposée à la volonté du pays, plus conforme au caractère sacré du prêtre catholique, aux intérêts de son minis-tère, à la prospérité et à la dignité de l'Église. Pour la paix de la patrie et l'honneur de la religion, je désire vivement que tout le clergé comprenne les graves motifs qui lui commandent une nou-velle attitude politique.

II

C'est un fait éclatant comme le jour, que le pays veut la Répu-blique, qu'il tient de cœur et d'âme aux institutions qu'il s'est données, et qu'il est plus épris que jamais des principes qui ont présidé, depuis 89, à notre reconstitution politique et sociale. Le parti catholique se fait une singulière illusion, s'il croit que les destinées de la démocratie contemporaine sont attachées à tels ou tels hommes, à tels ou tels ministres, que la disparition des uns ou le renversement des autres lui donnera le pouvoir. Der-rière les chefs, il y a tout un peuple. La démocratie, en effet, a fini par étendre ses branches sur la France entière, et elle abrite ce qu'il y a de plus vigoureux, de plus habile, de plus intelligent. Regardez donc au sommet des pouvoirs publics, des arts, de la littérature, à la tête de l'armée, des finances, de l'administration;

regardez au premier rang de nos gloires nationales : vous n'y verrez que des hommes sortis du sein du peuple. Par leur travail, leur savoir, leur enthousiasme, les fils de la démocratie s'élèvent, montent à tous les horizons, servent et honorent partout leur pays. Ce grand parti est la France du présent ; il est plus encore la France de l'avenir. Les récentes lois sur l'instruction secondaire des filles arracheront à l'influence du parti catholique ses plus fidèles, ses plus fervents soutiens : les femmes. En dépit de nos sarcasmes, de nos railleries, les lycées de filles seront aussi fréquentés que les lycées de garçons. Le peuple est avide de science ; il sait que par elle ses enfants peuvent prétendre à toutes les situations qui apportent la considération et le bien-être. Or, quand l'âme des femmes vibrera à l'unisson avec l'âme de leurs frères, de leurs époux, le parti catholique ne trouvera plus un cœur qui réponde à sa voix. Le clergé ne doit-il pas trembler de rompre avec la France tout entière pour s'associer aux rancunes de quelques monarchistes obstinés et aux folles espérances de quelques vieilles douairières ? Quoi ! le clergé, qui est sorti du peuple, qui est peuple, serait étranger au milieu du peuple ! Quoi ! le clergé, qui a été pendant des siècles l'oracle de la France, ne trouverait plus un écho quand il parlerait à la France ! Ce malheur n'arrivera pas. Le clergé ne voudra pas rompre avec la nation, se frapper lui-même d'ostracisme, d'autant que le caractère de prêtre catholique oblige tous ceux qui en sont revêtus de sortir de l'arène tumultueuse des combats de la politique militante, et de regagner les hauteurs sereines où les appelle leur ministère sacré.

III

Le prêtre catholique se doit tout à tous : il ne peut devenir homme de parti sans trahir son ministère. Il est prêtre pour les choses qui regardent Dieu, dit l'apôtre saint Paul. L'âme, l'âme seule, voilà son domaine ; le sang de Jésus-Christ qui a racheté les âmes, voilà sa couleur ; la croix, voilà son drapeau ; l'évangile, voilà son journal. Est-ce que le sang de Jésus-Christ n'a pas coulé pour toutes les âmes ? Est-ce que la croix n'étend pas ses bras d'un bout à l'autre du monde ? Est-ce que l'évangile ne doit pas être prêchée à toute créature ? Mais s'il s'attache à une caste, le clergé arrête les flots du sang rédempteur, raccourcit les bras de la croix, et enchaîne la parole divine. Prêtres des campagnes, comment atteindrez-vous l'âme du paysan pour l'élever jusqu'à Dieu, si le paysan voit en vous l'adversaire des institutions qui assurent l'honneur et l'indépendance de son foyer ? Prêtres des villes, comment amenerez-vous l'ouvrier à donner dans sa vie laborieuse la première place aux pratiques de la religion, si vous vous présentez à lui sous les plis d'un drapeau qu'il déteste? Comment obtiendrez-vous du riche qu'il vous confie ses aumônes, s'il vous soupçonne de les verser dans la caisse des Œuvres de combat, plutôt que dans le sein des pauvres? Ah ! j'ai vu le prêtre des campagnes, ne trouvant que la solitude dans son presbytère, le vide dans son église, la raillerie dans la rue. J'ai vu le prêtre des villes ne réunissant au pied des autels que quelques femmes et quelques enfants, ne rencontrant dans la cité que l'indifférence ou la haine. Et je me suis dit, dans mon âme désolée : « Voilà les tristes fruits de la politique introduite dans le sanctuaire »; et il me semblait entendre la France renouveler ses touchantes supplications que les consuls, annonçant la conclusion du concordat, adressaient au clergé, au commencement de ce siècle :

« Ministres d'une religion de paix, que cette religion qui vous unit, vous attache tous par les mêmes nœuds, des nœuds indissolubles, aux intérêts de la patrie. Déployez pour elle tout ce que votre ministère donne de force et d'ascendant sur les esprits... que cette morale, commune à tous les chrétiens, dans le même respect pour les lois, cette morale si sainte, si pure, si fraternelle,.les unisse tous dans le même amour pour la patrie, dans la même affection pour tous les membres de la grande famille. »

A cette voix, je me représentais le consolant tableau d'une vie sacerdotale uniquement consacrée aux choses de Dieu, placée si haut au-dessus de nos tempêtes que les flots ne peuvent l'atteindre. Je voyais le curé de village, doux et humble dans son ministère, enseignant aux petits enfants à servir Dieu, prêchant à la foule qui se presse autour de lui le dimanche, les mystères consolateurs cachés aux superbes, empruntant à la vie champêtre les ornements de son simple discours, les comparaisons familières, les attendrissantes paraboles, s'asseyant en ami aux foyers des cultivateurs, semant partout des paroles de paix et de concorde, entouré, jusque dans son extrême vieillesse, de respect, d'amitié, de reconnaissance, et lorsque la mort l'a couché dans le rustique cimetière, survivant dans les regrets et les souvenirs de son fidèle troupeau. Je voyais le curé de nos populeuses cités tendant aux ouvriers une main fraternelle, ne plaidant auprès des riches que la cause de leur salut éternel et la cause des pauvres, n'imposant d'autre joug que le joug suave de Celui qui sèche toutes les larmes, console toutes les misères, efface toutes les souillures, pardonne tous les égarements. Partout le désert de nos églises refleurissait, et la solitude du sanctuaire s'étonnait de la multitude accourue dans son sein. Visions de joie, ne vous évanouissez pas ! Devenez des réalités permanentes, et que, d'un bout de la France à l'autre, le peuple sache qu'il n'y a plus dans le prêtre catholique que le représentant de Dieu, l'interprète de l'évangile, le ministre d'une religion sainte. Peut-être on me répondra : « Faut-il donc tenir captive la vérité chrétienne ? Faut-il rester, comme des chiens, muets en face des triomphes du mal ? Ne faut-il pas avertir, reprendre, menacer ? » Oui, il faut faire cela, et, je le sais avec Bossuet, « s'opposer aux scandales, au torrent des mauvaises mœurs et au cours violent des passions, qu'on trouve toujours plus hautaines qu'elles sont plus déraisonnables, c'est un terrible ministère, et on ne peut l'exercer sans rigueur [1] ». Mais écoutez comment un grand évêque veut que vous exerciez ce que les conciles de Thionville et de Meaux appellent « la rigueur du salut des hommes » : « La lutte chrétienne n'est pas une arène où s'entrechoquent les passions terrestres, où se croisent des intérêts de ce monde. La charité évangélique doit modérer sans cesse les émotions du combattant chrétien : c'est la charité, qui ne témoigne à l'adversaire aucun sentiment de haine, qui ne répond pas à l'injure par l'injure, et qui, dans la personne même de l'égaré, sait reconnaître toujours un membre de la famille du Christ qu'il s'agit de gagner au Père qui est au ciel. Cette charité intelligente et infatigable, qui ne s'inspire que de la préoccupation de l'amour de Dieu et du bien du prochain, qui se montre sans cesse douce et modérée dans sa manière d'agir, toujours généreuse et empressée à l'égard de tous, combien de conquêtes glorieuses pour l'Église ne fait-elle point dans les rangs mêmes de ses persécuteurs ! Combien d'autres ne fera-t-elle point au milieu même des luttes actuelles ?... »

L'évêque qui tenait ce beau langage est devenu pape, et depuis

1 Discours sur l'unité de l'Église.

qu'il est assis sur la chaire de saint Pierre, Léon XIII a saisi toutes les occasions de recommander au clergé la charité évangélique. Écoutez ce qu'il a dit un jour, après avoir fait l'éloge d'un saint prêtre, le bienheureux de Rossi :

« Oh ! si les ministres de Dieu se conformaient fidèlement à des modèles aussi parfaits, combien l'Église aurait lieu de s'en réjouir ! Combien plus heureuse et plus tranquille serait la société civile ! Car, ainsi que l'expérience le démontre..., tôt ou tard, le cœur humain est forcé de se rendre aux exemples de charité, de douceur, de désintéressement, de sacrifices, et l'on voit la confiance envers le prêtre catholique succéder à la méfiance et aux soupçons, la haine faire place à l'amour, et le mépris à l'estime la plus respectueuse. La grâce de Dieu ne s'arrête pas seulement à cette heureuse disposition des âmes : la foi, détruite ou affaiblie, se ravive dans les cœurs ; les mœurs corrompues se réforment ; l'heureuse influence de la religion se fait sentir plus large et plus bienfaisante. Alors, Dieu s'apaise ; alors, dans les familles chrétiennes, dans les cités et les royaumes, on voit refleurir l'ordre, le calme, la paix [1]. »

IV

Si les ministres de Dieu se conformaient aux exemples des saints prêtres uniquement occupés des choses du ciel, *combien l'Eglise aurait lieu de s'en réjouir !* Combien elle a lieu de s'attrister, au contraire, lorsque les ministres de Dieu compromettent leur titre et leurs fonctions dans les luttes de la vie politique. En effet, puisqu'ils s'aliènent ainsi la majorité du pays, puisqu'ils

---

1 Cité par Mgr Turinaz, dans sa lettre pastorale *Léon XIII et sa mission providentielle*. (Paris, Plon et Cie, 1880.)

rendent inefficace leur ministère, il est évident qu'ils portent une atteinte mortelle à la prospérité et à la dignité de l'Église en France. L'Église est une société divine et humaine. Société divine, elle vient de Dieu, vit, agit par Dieu et retourne à Dieu, emportant les âmes qui ont reçu et gardé la foi qu'elle annonce au monde. Société humaine, elle est obligée, pour accomplir sa céleste mission, de se mêler aux choses de la terre et de s'exposer à leurs vicissitudes Cependant, au milieu des flots mobiles du temps, elle garde sa divine immutabilité ; au milieu de la diversité des peuples et des gouvernements, elle garde une charité universelle. Elle suit les courants des siècles pour y jeter ses filets, mais elle n'attache sa barque à aucun rivage, elle ne lie sa fortune à aucune institution terrestre. Il n'y a pour elle ni Grecs ni Barbares, ni Juifs ni Gentils. Ce n'est qu'à ces conditions qu'elle peut offrir à tous les dons du salut. Qui ne comprend, dès lors, que l'immixtion du clergé dans la politique détruit chez nous ces conditions, entrave la mission de l'Église, et prépare sa ruine dans notre pays. Vous attachez l'Église à la destinée des vieux partis, prenez garde ! vous la rendez complice de leur faute, solidaire de leurs tendances, et l'enveloppez dans leur défaite. Les lois qui vous frappent sont des représailles que vous avez provoquées. Mais je dirai plus : les coups qui atteignent l'Église de France, atteignent l'Église universelle. Quand la France n'est plus au service du Christ, l'étoile de l'Église pâlit dans le monde entier, et partout sa prospérité décline. L'Église ne doit-elle pas, aujourd'hui, à notre nation, ses plus riches aumônes, ses plus belles Œuvres, ses plus vaillants missionnaires, comme elle lui doit, dans le passé, les siècles les plus glorieux de son histoire. C'est donc compromettre gravement la prospérité de l'Église que de creuser entre elle et la France l'abîme des rancunes politiques ; c'est aussi compromettre sa dignité.

Je citerai de nouveau le premier écrit de M. de Broglie. Dans sa jeunesse, l'âge des impressions sincères, M. de Broglie s'indignait qu'on voulût faire de l'Église un parti. Il n'était pas encore parvenu au point de ces bonnes âmes qui semblent se consoler du tort fait à l'Église en pensant au dommage que l'État peut en recevoir. Il signalait, fort justement, les biens que l'Église apporte à l'État lorsqu'elle se renferme dans sa mission toute divine : l'apaisement des passions, l'adoucissement des regrets, le respect de l'autorité, la moralisation du peuple. Il disait : « Réduite à la situation d'un parti tout ce bien échappe de ses mains, les maux qu'elle guérissait, elle est forcée de les accroître ; les défauts qu'elle corrigeait, elle est forcée de les prendre par contagion. » Puis, M. de Broglie demandait au clergé catholique mal conseillé, de revenir de son erreur ; il suppliait l'Église de ne pas secouer la poussière de ses pieds contre la majorité des Français, et il terminait ainsi :

« Il y a quelque chose, nous devons le dire, de plus contraire, à nos yeux, à la dignité de l'Église que les usurpations de l'autorité temporelle, c'est l'intervention des passions et des habitudes de la politique humaine dans le camp de la religion. Or, si l'un de ces inconvénients est l'écueil non pas nécessaire, mais dangereux, de l'Église officiellement constituée, l'autre est la conséquence fatale du rôle qu'on fait prendre à l'Église catholique, en en faisant un instrument de polémique et une armée toujours sur la brèche. Nous avons été affligé, comme beaucoup d'autres, d'entendre donner aux ministres de la religion, par une expression indigne d'eux, le nom de fonctionnaires publics ; mais s'il fallait choisir, nous aimerions tout autant des évêques fonctionnaires publics que des évêques directeurs de journaux, présidents de réunions électorales, ou meneurs de partis parlementaires. Nous ne sommes point scandalisés de voir un évêque prêter, entre les mains du roi, le serment d'obéir aux lois; mais quand, dans les journaux d'un pays voisin, nous entendons parler de majorité catholique, de ministère catholique, de crise ministérielle catholique, c'est alors, pour nous, que le scandale commence. A voir ces mots, qui évoquent devant les yeux tout l'arsenal des intrigues parlementaires accolés au nom sacré que les anges eux-mêmes respectent, en vérité le sang monte au visage, et l'on croit voir les vendeurs rentrés dans le temple de Jérusalem... Nous ne voyons pas ce que l'Église gagne à quitter ainsi le rôle de la religion de tout le monde, pour devenir le parti de quelques-uns. Cette nouvelle tâche est moins glorieuse et moins difficile. Grouper, en effet, autour d'opinions exagérées, un petit nombre d'esprits extrèmes, fermer impitoyablement sa porte à tout ce qui n'est pas sous le joug des mêmes idées exclusives, et ensuite, au sein de réunions ainsi épurées, devenir soi-même la dupe d'nne unanimité artificielle, oublier le reste du monde pour s'enivrer de ses passions et de ses paroles, toutes les sectes, toutes les factions l'ont fait et le peuvent faire; n'aimer que ceux qui nous aiment, haïr ceux qui nous haïssent, cela n'est pas bien difficile; les païens mêmes en font autant; mais dans un pays que les partis déchirent et que l'incrédulité travaille, rester mélangée à toutes les classes, et étrangère à toutes les divisions, appuyant, sans se mettre en avant, tout ce qu'il y a d'honorable dans chaque opinion, reprenant comme sa propriété le bien partout où il se trouve; rester ainsi la mère tendre et commune d'enfants qui s'égarent, l'Église catholique seule serait capable d'une telle grandeur; c'est par là seulement qu'elle pourrait faire voir aux peuples,

. . . . Par des traits éclatants,
Un Dieu tel aujourd'hui qu'il fut dans tous les temps [1]. »

1 *De la législation religieuse en France.*

Oui, l'Église de France montrera encore au peuple le Dieu de tous les temps, de tous les partis. Mais il faut que les hommes qui ont fait leur politique de leur religion et de leur religion leur politique, comprennent enfin ces paroles d'un évêque qui a le courage de leur dire hautement la vérité : « Ceux-là sont bien coupables envers la France et envers l'Église, et ont assumé une lourde responsabilité, qui ont contribué de quelque manière à rendre suspect cet asile sacré, et qui l'ont indignement profané, en y apportant leur haine insensée, leur misérable et injuste préjugé, leurs grandes et petites ambitions, leurs grands et petits intérêts de parti [1]. »

Que le clergé entende du moins ce grave avertissement. Qu'il se hâte de faire à la patrie et à l'Église le sacrifice de ses attaches politiques. C'est pour lui un devoir rigoureux, je crois l'avoir démontré. J'ajouterai cependant une dernière et importante considération.

V

Nous assistons à une transformation complète du vieux monde européen. Cette transformation s'opère par la démocratie et à son profit. Il suffit de voir ce qui se passe chez nous depuis 1789, et d'observer le travail qui s'opère chez les nations voisines, pour affirmer que rien n'arrêtera la révolution politique et sociale dont la France a été le berceau. Ce qui est tombé, ce qui tombe ne se relèvera pas. L'Europe monarchique avait renouvelé le despotisme, les hontes et les crimes de l'empire romain ; infidèle au

---

1 *La crise religieuse et la pacification*, par Mgr Guilbert, évêque d'Amiens, p. 28. Paris, Plon et Cie.

Christ, qui en avait fait la gloire en en faisant la grande république chrétienne, elle a été condamnée à périr, puisqu'elle avait perdu sa raison d'être, en cessant de répondre aux vues de la Providence. Dieu n'a pas appelé sur elle les Barbares ; mais il a envoyé un souffle nouveau, souffle de vengeance et d'amour, qui a passé sur les nations et les a ébranlées. Alors, des profondeurs de la société française décrépite, des générations sont sorties pleines de jeunesse et d'enthousiasme ; elles ont rejeté le linceul de la servitude, elles ont grandi dans la lumière et dans la force, et elles se sont emparé de la direction du pays, échappée aux mains débiles de nos derniers gouvernements. Cet avènement des classes populaires ne s'est pas accompli sans déchaîner les passions démagogiques que la vraie démocratie n'a cessé de réprouver avec les crimes qu'elles ont commis et les théories insensées qu'elles prétendent réaliser. Ces crimes et ces théories ont frappé d'épouvante les esprits inattentifs aux desseins de Dieu. Ils croient assister aux funérailles du monde, et ne trouvent dans leur âme que des larmes pour les vaincus et des anathèmes pour les vainqueurs. Ah ! qu'ils pleurent le passé qui disparaît, je le comprends. Cette vieille monarchie française qui descend au tombeau avec son cortège de gloire, ces nobles races qui se dessèchent comme des rameaux sans sève, ces illustres familles de robe et d'épée qui s'éteignent, et tout cet ancien ordre de choses auquel semblait attachée la fortune de la France, qui s'écroule, quel spectacle ! Et comment en être témoin sans être ému ? Toutefois la pitié qu'inspire cette catastrophe ne doit pas vous faire maudire le présent ni désespérer de l'avenir. La crise que notre âge traverse me rappelle les douleurs et les angoisses de la Gaule au Ve siècle. Lorsque les peuples nouveaux s'en emparèrent, beaucoup ne virent que les maux de l'invasion et les ruines de la puissance de Rome. Ils ne devinaient pas que ces peuples venaient prendre

place au soleil de la civilisation chrétienne et rajeunir les destinées du monde ; ils n'entendaient pas, au-dessus du bruit des
armes et des cris des victimes, les anges chanter le cantique de
l'apocalypse : « *Alleluia!* Salut, gloire, puissance à notre Dieu,
parce que ses jugements sont redoutables et justes ! » Mais les
sentinelles de la sainte Église, les évêques, devinèrent et enten-
dirent. A travers la fumée de l'embrasement de l'empire, ils virent
rayonner une cité nouvelle. Ah ! certes, ils aimaient cet empire
auquel ils tenaient tous par leur éducation, par leurs amitiés,
souvent par leur sang et les charges publiques qu'ils avaient
remplies. Cependant leur patriotisme et leur foi les élevèrent au-
dessus de leurs affections ; ils tendirent la main à cette nation des
Francs qui, « fondée par Dieu, » s'avançait, « brave dans la guerre,
fidèle aux traités dans la paix, habile dans les conseils, noble et
saine de corps, brillante de beauté, audacieuse, agile et rude au combat [1]. » Ils supportèrent avec patience ces guerriers aux passions
violentes ; ils les instruisirent, ils les baptisèrent, ils se placèrent
entre eux et les Gaulois, en ministres de conciliation, et ils parvinrent à former des deux races un seul peuple. Dieu pouvait
donner à son Église le signal des grandes œuvres : la France
existait. Que serait-il arrivé si les évêques catholiques, épousant
les regrets de Syagrius et de quelques familles sénatoriales,
n'avaient eu pour les Francs que des malédictions, s'ils n'avaient
pas compris que le pauvre peuple de la Gaule, expirant de misère
sous la main rapace de l'administration romaine, appelait de tous
ses vœux le règne des jeunes vainqueurs, et si, au milieu de
l'anarchie et des maux inséparables de l'invasion, ils avaient
déployé un autre étendard que celui du Christ ? Il est probable
que l'arianisme aurait fait sa proie des soldats de Clovis, que

---

1 Prologue de la loi salique.

l'unité nationale se serait difficilement accomplie, et que les desseins de la Providence eussent été troublés pour des siècles. Leçon mémorable qui doit rappeler au clergé de nos jours quel est son devoir en des temps qui ne sont pas sans analogie avec la première époque de notre histoire nationale. Oui, en face de la démocratie qui, fondée aussi par Dieu pour le renouvellement de l'Europe, se lève partout, « jeune, brillante, agile, audacieuse, âpre au combat », ne nous obstinons pas à ne pas voir et à ne pas comprendre. Ne maudissons pas sa victoire, quels que soient les maux passagers qui en résultent, quelles que soient nos affections pour le passé. Ne nous associons pas à ceux qui lui déclarent la guerre. La France l'acclame ; allons à elle le rameau de la paix à la main. Le bras de Dieu n'est pas raccourci, et la force de notre ministère sacré n'est pas épuisée. Nous mériterons son respect, nous gagnerons ses sympathies, nous tremperons son génie dans le sang pacificateur du Christ, et nous ajouterons à ses lumières, à ses dons généreux, les vertus que la religion inspire. Nous n'avons pas redouté le peuple venu de la barbarie, aurions-nous peur du peuple né dans la civilisation ? L'esprit de la démocratie « trouve sa sanction dans les principes mêmes et dans les plus familiers éléments du christianisme [1] », comment ne finirait-il pas par se rendre à notre voix, si nous lui parlons au nom du christianisme seul, sans mêler à nos discours les pensées et les préoccupations de la terre ? Malheur à nous, si nous laissons le matérialisme et l'impiété s'emparer de la démocratie ! Malheur à nous, si nous ne contribuons pas à fonder l'unité morale de la nation dans la justice et la vérité ! La France apprendrait à l'univers, au milieu de calamités sans exemple, à se passer du Christ et de son Église. Mais non, je nourris la patriotique espérance d'un autre

1 Mirabeau, *Histoire parlementaire*, recueil de MM. Bouchez et Roux, t. VIII, p. 126.

avenir : la paix se fera entre le clergé et le peuple, et « la France, selon l'expression de Mirabeau, apprendra aux nations que l'évangile et la liberté sont les biens inséparables de la vraie législation et le fondement éternel de l'État le plus parfait du genre humain [1] ».

1 Mirabeau , *Histoire parlementaire* , recueil de MM. Bouchez et Roux, t. VIII, p. 126.